Kai Richter

Sprache des Rechtsextremismus

Wie nutzt der Rechtsextremismus die Sprache?

GRIN Verlag

Bibliografische Information der Deutschen Nationalbibliothek:

Die Deutsche Bibliothek verzeichnet diese Publikation in der Deutschen National-bibliografie; detaillierte bibliografische Daten sind im Internet über http://dnb.d-nb.de/ abrufbar.

Impressum:

Copyright © 2010 GRIN Verlag, Open Publishing GmbH
Druck und Bindung: Books on Demand GmbH, Norderstedt Germany
ISBN: 978-3-640-85389-2

Dieses Buch bei GRIN:

http://www.grin.com/de/e-book/167873/sprache-des-rechtsextremismus

GRIN - Your knowledge has value

Der GRIN Verlag publiziert seit 1998 wissenschaftliche Arbeiten von Studenten, Hochschullehrern und anderen Akademikern als eBook und gedrucktes Buch. Die Verlagswebsite www.grin.com ist die ideale Plattform zur Veröffentlichung von Hausarbeiten, Abschlussarbeiten, wissenschaftlichen Aufsätzen, Dissertationen und Fachbüchern.

Besuchen Sie uns im Internet:

http://www.grin.com/

http://www.facebook.com/grincom

http://www.twitter.com/grin_com

Kai Richter

Rechtsextremismus und Sprache

Wie nutzt der Rechtsextremismus die Sprache?

Inhaltsverzeichnis

"Was jemand willentlich verbergen will, sei es vor anderen, sei es vor sich selber, auch was er unbewußt in sich trägt: die Sprache bringt es an den Tag."

Victor Klemperer

1. Einleitung

In Deutschland gibt es 2010 ca. 30.000 Rechtsextreme. Davon gelten 9.500 als gewaltbereit. Darüber hinaus stimmen 37 % der Deutschen der Aussage zu, dass "Die Ausländer [...] nur hierher [kämen], um unseren Sozialstaat auszunutzen." und 45,8 % sind der Meinung, es gäbe zu viele Ausländer in Deutschland."[1]

Diese erschreckenden Zahlen zeigen, dass das Thema Rechtsradikalismus auch 70 Jahre nach der Machtergreifung Hitlers und den unbegreiflichen Folgen des Regimes aktueller ist denn je. Aussagen wie die oben aufgeführte, spiegeln deutlich die Ideologie und die Überzeugung, welche dahinter steht. Vor allem die Wahl der Worte, die Verwendung von speziellen Begriffen und rhetorischen Mitteln lassen diese Ideologie zugänglich werden – und genau darin besteht die Gefahr!

In der vorliegenden Facharbeit im Rahmen des Deutsch Profilkurs setze ich mich mit der Bedeutung und der Verwendung von Sprache Rechtsextremer auseinander. Anhand vielfältiger Zitate möchte ich versuchen, dem Leser einen Einblick in diese Thematik zu verschaffen.

Einleitend werden die zentralen Begriffe dieser Facharbeit kurz definiert. Im Hauptteil werden die spezifischen sprachlichen Merkmale verschiedener rechtsextremer Gruppierungen vorgestellt und anschließend die bedeutendsten Träger der Sprache erläutert.

Dem knapp bemessenen Umfang der Facharbeit, aufgrund der beschränkten Seitenanzahl, steht das Ausmaß dieser Thematik gegenüber, was mich bedauerlicherweise dazu angehalten hat, mich in wesentlichen Aspekten auf das Wichtigste zu beschränken. Ich bitte, dieses zu beachten.

2. Sprache im politischen Kontext

Sprache ist klassen- und schichtneutral, erhält jedoch im politischen Kontext eine ideologische Verwendung.[2] „Bei der ideologiegebundenen Sprache entwickelt sich allerdings nicht nur ein bestimmter ideologiegeprägter Wortschatz - es bildet sich vor allem ein ideologischer Jargon heraus"[3], welcher sich in der "Wahl einer Äußerung hinsichtlich ihrer Bedeutung oder der Wahl eines Inhalts [manifestiert], aber auch in der Berücksichtigung der Adressatengruppe."[4]

Seit den frühen 1950er Jahren beschäftigen sich Wissenschaftler mit der politischen

---

[1] Rechtsextremismus kompakt in Stichworten und Zahlen | Netz gegen Nazis; Auslassungen: K.R.
[2] (vgl.) Ickes 2008, S. 36
[3] Ickes 2008, S. 37
[4] Ickes 2008, S. 34

Funktion von Sprache.

Die grundsätzliche Annahme der wissenschaftlichen Betrachtung liegt darin, dass politische Sprache Realität konstruiert, mit dem Ziel der öffentlichen Meinungsbildung durch spezifische Argumentationstechniken, Begriffe, Bilder, Metaphern und Symbole. Politische Sprache hat eine öffentlichkeitsgebundene Wirkung und ist ein soziales bzw. soziokulturell geprägtes Produkt und steht im situativen bzw. gesellschaftlichen Kontext. Als wichtige Vertreter sind der US-amerikanische Politologe Murray Edelman, der Grundlage für weitere Forschungen im Bereich Sprache und Rassismus schaffte, und der deutsche Philosoph Ulrich Sarcinelli, zu nennen.[5]

3. Rechtsextremismus

Für ein besseres Verständnis der folgenden Ausführung ist es sinnvoll den Begriff Rechtsextremismus zu definieren.

Die rechtsextreme Szene ist keine homogene Gruppierung. Zutreffend auf die Weltanschauung sämtlicher rechtsextremer Gruppierungen ist jedoch,"[...] daß [sic!] sie 1. jede auf Vernunft gegründete, von der Idee der Befreiung des Menschen geleitete Lebensform fundamental ablehnt und 2. umfassende, handlungsanleitende Bezüge hat; sie ergeben sich daraus, daß [sic!] hier nicht Positionen hinterfragt und diskutiert werden, denn das Welt- und Menschenbild der Rechten orientiert sich ja an vorgeblich ewigen Naturgesetzen und der historischen Größe des Volkes."[6]

Auch ist festzuhalten, dass bei deutschen Rechtsextremisten in der Regel eine „[...] Verharmlosung bzw. Rechtfertigung des Nationalsozialismus"[7] anzutreffen ist. Ebenfalls ist eine "[...] Kritik an der angeblich bis heute fortschreitenden amerikanischen Umerziehungspolitik und ihren Folgen [...]"[8] vorherrschend. Darüber hinaus sind bei vielen Rechtsextremen „[...] antisemitische, fremdenfeindliche und sozialdarwinistische Einstellung[en]"[9] vorzufinden.

Gessenharter formuliert zutreffend: "Als rechtsextrem kann man Personen, Organisationen, Gruppen bezeichnen, die autoritäres, antipluralistisches (sic!), antiparlamentarisches, zivilisationskritisches und nationalistisches (besonders fremdgruppenvorurteilsbehaftetes) Gedankengut vertreten und bei denen zu dieser, politischen Philosophie' noch ein rigides, auf Entweder-Oder-Dichotomien fixiertes Gedankenschema hinzutritt."[10]

---

[5] (vgl.) Beilecke 04.01.2000
[6] Hoffmann 1999, S. 16
[7] Ebd., S. 14; Auslassung: K.R.
[8] Hoffmann 1999, S. 18; Auslassungen: K.R.
[9] Kulick, Staud 2010, S. 14–15; Auslassung: K.R.; Einfügung: K.R.
[10] Hoffmann 1999, S. 16

4. Die Sprache der Rechtsextremisten

4.1 Sprachliche Merkmale rechtsextremer Gruppierungen

4.1.1 Die Sprache der Nationalsozialisten

Die Sprache der Nationalsozialisten zeichnet sich durch verschiedene sprachliche Besonderheiten aus. Am auffälligsten ist dabei die überaus häufige Verwendung von Euphemismen – beschönigende Umschreibungen eines negativ konnotierten Begriffes. Als Beispiel für diese Euphemismen ist der Begriff „Judenfrage" zu sehen, welcher ja nichts anderes als die physische Vernichtung allen jüdischen Lebens bedeutete[11] oder auch der Begriff „evakuieren", was in der nationalsozialistischen Realität bedeutete, KZ Häftlinge auf lange Todesmärsche zu schicken – also nicht sie in Sicherheit zu bringen – und zu vernichten.[12]

Darüber hinaus gab es im Nationalsozialismus eine Affinität zu Superlativen wie „der totale Krieg", um das deutsche Volk als etwas ganz besonderes herauszustellen.

Auch die Enthumanisierung des Gegners spielte eine wesentliche Rolle, um die Ziele des Nazismus durchzusetzen. So wurde am 06.04.1941 die Presse angewiesen, von Sowjetsoldaten nur noch als „Sowjetarmisten", „Bolschewisten" oder „Bestien" zu berichten, um es einfacher zu machen, sie zu hassen.[13]

4.1.2 Die Sprache der neonazistischen Parteien

In Deutschland gibt es zurzeit drei[14] große neonazistische Parteien. Die bedeutendste dieser Parteien ist die Nationaldemokratische Partei Deutschlands (NPD). In den folgenden Ausführungen werde ich mich deshalb auf diese beschränken.

Gegründet wurde die NPD 1964. Sie hat heute etwa 7000 (Stand 2007) Mitglieder, ist in zwei Landtagen (Mecklenburg Vorpommern und Sachsen) vertreten und hat fast 200 kommunale Mandatsträger.[15]

Lange Zeit versuchte die NPD sich als koalitionsfähige Partei zu geben, radikalisierte sich aber mit dem Amtsantritt Udo Voigts. So stellt die NPD die Rechtmäßigkeit des Grundgesetzes infrage[16] und behauptet, dass "[...] die Grundrechtsbestimmungen [...] vor Menschenrechtstümelei [triefen] und [...] Deutsche im eigenen Land de facto mit

---

[11] (vgl.) Forster 2009, S. 209–210
[12] (vgl.) Forster 2009, S. 206
[13] (vgl.) Leßmann 19.04.2006, S. 5
[14] NPD, DVU, Republikaner
[15] (vgl.) NPD - Geschichte
[16] (vgl.) Jürgen W. Gansel 19.05.2007, S. 29

Ausländern gleich [stellen]".[17]

Die in dieser Aussage deutlich werdende Ausländerfeindlichkeit zeigt sich noch deutlicher in der Forderung nach einem „weißen Europa" in der 2006 intern erschienenen Schulungsbroschüre.[18] Die NPD propagiert ein starkes Feind-Freund Bild, um Ängste in der Bevölkerung schüren zu können.[19] Auch in der geschichtlichen Auseinandersetzung zeigt die NPD ihr wahres Gesicht, wenn sie die Kriegsschuld der deutschen leugnet[20] oder die Konzentrationslager als logische Konsequenz jüdischer Provokationen bezeichnet.[21]

4.1.3 Die Sprache der „autonomen Nationalisten"

Als autonome Nationalisten (AN[22]) werden Gruppen im rechtsextremen Spektrum bezeichnet, welche im Zusammenhang mit der Verbotswelle neonazistischer Organisationen Anfang der 1990er Jahre[23] entstanden und durch ihr militantes Auftreten für Aufsehen sorgten. Das Auftreten auf Demonstrationen als „schwarzer Block" und ihre Aktionsformen kopieren sie von Linksautonomen, so sagte der bekannte Neonazi Axel Reitz: „[...] damit erreichen wir ein Klientel welches uns bis dato verschlossen geblieben ist."[24]

Aus ihrer Affinität zur Gewalt machen die AN keinen Hehl. So steht im Gründungskonzept der „Autonomen Nationalisten / Bundesweite Aktion":„Den Staat (und seine Helfershelfer) bekämpfen auf allen Ebenen und mit allen Mitteln".[25]

Ihre völkische und rassistische Ideologie spiegelt sich auch in ihrer Sprache wieder. So schreibt der „Freundeskreis Nationale Sozialisten Prignitz" auf seiner Homepage: "Volk/Nation: Das Volk ist die größte organisch gewachsene gewachsene (sic!) Gemeinschaft von Menschen gleicher Art, gleichen Blutes, gleicher Geschichte, gleicher Kultur und Sprache.". Auch lehnon sie ganz offen die Gleichwertigkeit aller Menschen ab und behaupten, es stünde im Gegensatz zu den Naturgesetzen.[26]

Sie berufen sich auf die Ideologie und dementsprechend auf den Sprachgebrauch der Nationalsozialisten (Rasse, Volk, Reich, Blut und Boden).[27]

Um ein junges Klientel anzusprechen, nutzen sie auf Flugblättern, Aufklebern und Transparenten auf Demonstrationen viele Anglizismen. Dieses widerspricht jedoch

---

[17] Jürgen W. Gansel 19.05.2007, S. 30; Auslassungen: K.R.; Einfügungen: K.R.
[18] (vgl.) Jürgen W. Gansel 19.05.2007, S. 28
[19] (vgl.) Andreas Molau 07.08.2007
[20] (vgl.) Hoffmann 1999, S. 277
[21] (vgl.) Hoffmann 1999, S. 278
[22] Im folgenden Text werde ich diese Abkürzung nutzen
[23] (vgl.) [a²]- Hamburg 23.02.2009, S. 9
[24] [a²]- Hamburg 23.02.2009, S. 5;Auslassung:K.R.
[25] [a²]- Hamburg 23.02.2009, S. 8
[26] (vgl.) Freundeskreis N.S.P.R
[27] (vgl.) Freundeskreis N.S.P.R

eigentlich ihrer Forderung nach der „Rettung des deutschen Volkes".[28]

Auf Demonstrationen tragen AN oft rote Fahnen, um zu demonstrieren, dass sie Sozialisten sind. An Häuserwänden hinterlassen sie dann aber Schriftzüge wie „C4 for Reds."[29] Dieses verdeutlicht, dass ihnen der Kampf gegen den politischen Gegner wichtiger ist, als die von ihnen proklamierte bessere Zukunft.

4.2 Die Träger der Sprache

4.2.1. Printmedien

Im Spektrum der rechtsradikalen Printmedien möchte ich mein Hauptaugenmerk auf die Fanzines[30] der rechtsextremen Skinheadszene lenken.

Die Fanzines dienen in erster Linie der Vernetzung der Szene[31] und der Stabilisierung der ideologischen Einstellung der Rezipienten („Kameraden", „Freiheitliche Kräfte"[32]), durch revisionistische und wertende Darstellung geschichtlicher Ereignisse.[33] In diesem Zusammenhang ist der immer wiederkehrende Neologismus „Bombenholocaust" zu nennen, welcher für die Bombardierung Dresdens am 13. und 14. Februar 1945 steht.[34]

Häufig auftauchendes Thema in den rechtsextremen Fanzines ist die ablehnende Haltung bezüglich der demokratischen Grundordnung, welche sich durch Bezeichnungen wie „Demokratiediktatur" oder „Demokrötie"[35] oder durch die konsequente Kleinschreibung der Buchstabenkombination „brd", manifestiert.[36] Als logische Konsequenz dieser ablehnenden Haltung dienen mehr oder weniger offene Aufrufe zur Gewalt „Lasst Stiefel sprechen".[37] Dieser Hang zur Gewalt wird auch im militärischen Vokabular deutlich. Neben der linguistischen Nähe zum Militär wird ebenso die Affinität zum Nationalsozialismus deutlich, so wird z. B. vom „Altreich" gesprochen.[38] Des Weiteren nutzen die Rechtsextremen Chiffren wie z. B. „14 Words"[39] oder „88"[40] um strafrechtlicher Verfolgung zu entgehen.

---

[28] (vgl.) [a²]- Hamburg 23.02.2009, S. 17
[29] C4 ist ein Plastiksprengstoff Siehe Anhang A5
[30] Fanzine: Magazin von Fans für Fans (In diesem Falle von Mitgliedern der Szene für Mitglieder der Szene)
[31] Lohmann 2008, S. 27
[32] (vgl.) Konang 2008, S. 45
[33] (vgl.) Lohmann 2008, S. 30
[34] (vgl.) Georg Schuppener 2008, S. 9–10
[35] (vgl.) Gerdes 2008, S. 53
[36] (vgl.) Lohmann 2008, S. 32
[37] (vgl.) Lohmann 2008, S. 30
[38] (vgl.) Gerdes 2008, S. 55
[39] „We must secure the existence of our people and a future for White children." („Wir müssen die Existenz unseres Volkes und die Zukunft für die weißen Kinder sichern.")
[40] Die 8 steht für den 8. Buchstaben im Alphabet und wird in rechtsextremen Kreisen als Code für „Heil Hitler" genutzt

4.2.2 Musik

Musik spielt in der rechtsextremen Szene eine besondere Rolle, da sie sowohl als Einstiegsdroge als auch Träger rechtsextremer Ideologien fungiert.

Ihren Anfang nahm die rechtsextreme Musik in den 70er Jahren des letzten Jahrhunderts in England mit der Gründung der Band „Skrewdriver". Deren Sänger Ian Stuart Donaldsen gründete das Weltweite „Blood & Honour" Netzwerk, welches zur Vernetzung und Förderung rechtsextremer Bands konzipiert worden ist.[41] So sagt er: „Musik ist das ideale Mittel, Jugendlichen den Nationalsozialismus näher zu bringen, besser als das in politischen Veranstaltungen gemacht werden kann, kann damit Ideologie transportiert werden."[42]

Den größten Bereich unter der rechtsextremen Musik macht der Rechtsrock, auch R.A. C. (Rock Against Communism) genannt, aus. Rechtsrock lässt sich untergliedern in rechten „oi" (ursprünglich unpolitische Art des Punkrock), Nationalsozialistischen Black-Metal (NSBM), und Hatecore (rechtsextreme Version des Hardcore).[43]

Die Texte werden dominiert von Rassismus, Antisemitismus, Gewaltverherrlichung, Widerstand gegen das „System" und eindeutigen Feindbildern, welche mit allen Mitteln zu bekämpfen sind, wie am Beispiel der Band „Weißer Arischer Widerstand" mit ihrem Lied „Nehmt die Waffen zur Hand" zu sehen ist.[44]

Die Musik wird vermehrt genutzt, um Jugendliche an die rechte Szene zu binden. So treten auf bzw. nach rechten Demonstrationen oft Bands auf, um die erlebnisorientierten Jugendlichen, zu befriedigen.[45] Die Symbiose zwischen Musik und Gewalt zeigt sich dadurch, dass Neonazis oft zuschlagen, nachdem sie die hetzenden Texte von Bands wie „Landser" hören. In Eggesin wurden am 22. August 1999 zwei Vietnamesen überfallen, während des Überfalls riefen die Neonazis die Strophe „Fidschi, Fidschi, gute Reise".[46]

Neben den eindeutigen Aufrufen zur Gewalt wird durch die Texte ein Gefühl vermittelt, in einer germanischen Tradition zu stehen, die bei den Wikingern anfängt, über Wehrmachtsoldaten bis zu den heutigen Rechtsextremen geht.[47] Dieser neoheidnische Ansatz ist wichtig, um eine gemeinsame Tradition zu finden. Ebenso geht er mit der Ablehnung des Christentums einher, wie es die Band „Landser" in ihrem Lied „Walvater

---

[41] (vgl.) Opitz 2008, S. 112
[42] Opitz 2008, S. 120
[43] (vgl.) Opitz 2008, S. 114
[44] Siehe Anhang A1
[45] Vgl. Christian Dornbusch, Jan Raabe: Rechtsrock fürs Vaterland, in Andrea Röpke, Andreas Spiet (Hrsg) : Braune Kameradschaften, Berlin: Ch. Links Verlag. 2004, S.68
[46] Siehe Anhang A4
[47] Siehe Anhang A2

Wotan" zeigen.[48]

4.2.3 Neue Medien

Das Internet stellt schon seit vielen Jahren das wichtigste Medium im Spektrum des Rechtsextremismus dar. So gibt es zurzeit ca. 1000 rechtsextreme Seiten deutscher Betreiber.[49] Die Seiten sind ähnlich allgemeingültiger Internetseiten aufgebaut und sollen vor allem junge Menschen ansprechen. Auch hier kann man sich in Chatrooms und Diskussionsforen austauschen. Der Unterschied besteht aber darin, dass sowohl die Sprache als auch die Inhalte als völkisch rassistisch bezeichnet werden können. Begriffe wie Internet, Homepage und e-mail werden überwiegend durch deutsche Begriffe ersetzt (Weltnetz, Heimatseite und E-Post). Zu den Diskussionsthemen gehören mitunter das Leugnen der Shoah oder die Erstellung von sogenannten Schwarzen Listen der politischen Gegner.

Der Vorteil dieses Mediums liegt darin, dass die Rechtsorientierten hier schnell, anonym (mithilfe von Fantasienamen wie „Dr. Mengele" oder „Wotans Braut") und preiswert miteinander kommunizieren können.[50] Es werden Netzwerke geknüpft, Verabredungen getroffen, Propagandamaterial ausgetauscht („Schulhof-CD" der NPD) und mit Verbotenem gehandelt.

Der Trend geht dahin, dass sich die Rechtsextremen in vermeintlich neutralen Netzwerken wie „StudiVZ" oder „Facebook" anmelden, um dort ihr Gedankengut zu verbreiten und Nachwuchs zu ködern.

4.3 Bedeutung der Sprache für den Rechtsextremismus

Nachdem die Verwendung der Sprache deutlich gemacht worden ist, wird im Folgenden die Bedeutung herausgearbeitet.

Im Wesentlichen trägt die Sprache der Rechten ihre Ideologie. Sie fassen ihre Überzeugungen und Ansichten in Worte, welche sie als angemessen und überzeugend empfinden. Auf diese Weise wirkt die Sprache auch identitätsstiftend. Die Rechtsextremen benutzen innerhalb ihrer Gruppe eine gemeinsame Sprache, mit der sie sich anderen („Feinden") gegenüber abgrenzen können. Durch die Verwendung gemeinsamer Begrifflichkeiten, Codes etc. fühlen sie sich zugehörig – nicht nur gedanklich (im Geiste), sondern zeigen dieses auch öffentlich.

Weiterhin nutzen Rechtsextreme die deutsche Sprache, welche ein Attribut der

---

[48] Siehe Anhang A3
[49] (vgl.) Kulick, Staud 2010, S. 50
[50] (vgl.) Kulick, Staud 2010, S. 49

deutschen Kultur ist, um ihre Verbundenheit zu deutschen Werten und Tugenden zu verdeutlichen. So präsentieren sie sich beispielsweise durch das Eindeutschen von Anglizismen als die einzigen Bewahrer der deutschen Sprache.

Neben der Kommunikation untereinander spielt vor allem die Verwendung der Sprache zu Propagandazwecken eine große Rolle. So hatte die Propaganda im Nationalsozialismus eine entscheidende Funktion zur Vereinnahmung der Massen und schließlich zur Umsetzung unvorstellbarer Ziele. Heute wäre eine derartige öffentliche „Inszenierung" mit Worten wie von Propagandaminister Goebbels nicht mehr denkbar. Mit der Allgegenwärtigkeit der Vergangenheit hat sich eine gewisse Sensibilität gegenüber rechtem Gedankengut in der Öffentlichkeit entwickelt bzw. wurden verfassungsrechtliche Grenzen aufgestellt. Aus diesem Grund sind die Rechtsextremisten gezwungen, ihre Wortwahl genau zu überdenken und gegebenenfalls auf Codes zurückzugreifen oder gesellschaftlich angesehene Persönlichkeiten zu zitieren, um sie so zu vermeintlichen Vordenkern der „Nationalen Sache" zu machen.

5.Fazit

In den vorliegenden Ausführungen meiner Facharbeit habe ich die Verwendung und Bedeutung der Sprache der Rechtsextremisten thematisiert. Gestützt auf umfangreicher Fachliteratur und eigener Recherche im Spektrum rechtsextremer Medien habe ich deutlich gemacht, dass Rechtsextreme eine „eigene" Sprache entwickelt haben.

Zusammenfassend ist zu sagen, dass sich die Sprache der Rechtsextremen auf dem Fundament der Sprache des Nationalsozialismus entwickelt hat. Darüber hinaus hat die Sprache sich weiterentwickelt und moderne Formen angenommen. Um heute noch möglichst viele Menschen zu erreichen, wurde die Sprache weiterentwickelt, modernisiert und wird über neue Medien zugänglich gemacht.

Die Zukunft liegt definitiv im Internet, da es im Zuge der Globalisierung möglich ist, die in Deutschland verbotene Propaganda auf ausländische Internetseiten hochzuladen, um sie auf diese weise den deutschen Rechtsextremen zugänglich zu machen.

Literaturverzeichnis:

Primärquellen:

[a²]- Hamburg (Hg.) (2009): Reader: Autonome Nationalisten. Online verfügbar unter http://www.antifa-kiel.org/index.php/enemy.html?file=tl_files/kiel_antifa/downloads/reader_autonats_09.p df, zuletzt aktualisiert am 23.02.2009, zuletzt geprüft am 15.05.2010.

Andreas Molau (2007): Sicher leben ohne Multikulti. Herausgegeben von NPD-Landesverband Niedersachsen. Online verfügbar unter http://www.npd-in-rlp.de/index.php?menue=56&thema=399&aktion=ausgabe&datei=1240676644___multi kulti.pdf, zuletzt aktualisiert am 07.08.2007, zuletzt geprüft am 27.05.2010.

Freundeskreis N.S.P.R. Online verfügbar unter http://freundeskreisnspr.wordpress.com/580/, zuletzt geprüft am 21.05.2010.

Jürgen W. Gansel (2007): Eine Handreichung für die öffentliche Auseinandersetzung. Argumente für Kandidaten & Funktionsträger. NPD-Parteivorstand - Amt für Öffentlichkeitsarbeit. Online verfügbar unter http://www.redok.de/images/stories/dokumente/npd-argumente.pdf, zuletzt aktualisiert am 19.05.2007, zuletzt geprüft am 15.05.2010.

NPD - Geschichte. Online verfügbar unter http://www.npd.de/html/243/artikel/detail/141/, zuletzt geprüft am 27.05.2010.

Sekundärquellen:

Beilecke, François (2000): Politische Sprache, Grundlagen. Online verfügbar unter http://www.uni-kassel.de/fb5/politikwissenschaft/AGPolSpr/polgru.html, zuletzt aktualisiert am 04.01.2000, zuletzt geprüft am 23.05.2010.

Forster, Iris (2009): Euphemistische Sprache im Nationalsozialismus. Schichten, Funktionen, Intensität. Techn. Univ., Diss.--Braunschweig, 2007. Bremen: Hempen (Sprache - Politik - Gesellschaft, 3).

Gerdes, Gesche (2008): Die Sprache im rechtsextremen Fanzine „Der Foiersturm". In: Schuppener, Georg (Hg.): Sprache des Rechtsextremismus. Spezifika der Sprache rechtsextremistischer Publikationen und rechter Musik. 1. Aufl. [Leipzig] /// Leipzig: Ed. Hamouda; Ed. Hamouda Wiss.-Verl., S. 50–59.

Hoffmann, Uwe (1999): Die NPD. Entwicklung, Ideologie und Struktur. Univ., Diss.-- Marburg, 1998. Frankfurt am Main: Lang (Europäische HochschulschriftenReihe 31, Politikwissenschaft, 396).

Ickes, Andreas (2008): Parteiprogramme. Sprachliche Gestalt und Textgebrauch. Darmstadt: Büchner.

Konang, Maxi (2008): Die Untersuchung der Sprache des Rechtsextremismus anhand des „Freien Rundbriefs Dresden". In: Schuppener, Georg (Hg.): Sprache des Rechtsextremismus. Spezifika der Sprache rechtsextremistischer Publikationen und rechter Musik. 1. Aufl. [Leipzig] /// Leipzig: Ed. Hamouda; Ed. Hamouda Wiss.-Verl., S. 38–50.

Kulick, Holger; Staud, Toralf (2010): Das Buch gegen Nazis. Rechtsextremismus - was man wissen muss und wie man sich wehren kann. 2., aktualisierte Aufl. Köln: Kiepenheuer & Witsch (Kiwi, 1130).

Leßmann, Stefan (2006): Sprachgebrauch im Nationalsozialismus. Online verfügbar unter http://www.s.lessmann.de/Sprachgebrauch%20im%20Nationalsozialismus.pdf, zuletzt aktualisiert am 19.04.2006, zuletzt geprüft am 25.05.2010.

Lohmann, Juliane (2008): Die Sprache des Rechtsextremismus am Beispiel des Fanzines „Sachsens Glanz". In: Schuppener, Georg (Hg.): Sprache des Rechtsextremismus. Spezifika der Sprache rechtsextremistischer Publikationen und rechter Musik. 1. Aufl. [Leipzig] /// Leipzig: Ed. Hamouda; Ed. Hamouda Wiss.-Verl., S. 26–38.

Opitz, Julia (2008): Die rechtsextremistische Musikszene im Überblick. In: Schuppener, Georg (Hg.): Sprache des Rechtsextremismus. Spezifika der Sprache rechtsextremistischer Publikationen und rechter Musik. 1. Aufl [Leipzig] /// Leipzig: Ed. Hamouda; Ed. Hamouda Wiss.-Verl., S. 112–127.

Rechtsextremismus kompakt in Stichworten und Zahlen | Netz gegen Nazis. Online verfügbar unter http://www.netz-gegen-nazis.de/artikel/rechtsextremismus-zahlen-7552, zuletzt geprüft am 28.05.2010.

Schuppener, Georg (2008): Die Sprache des Rechtsextremismus — Ein lange vernachlässigter Bereich der Forschung Anstatt eines Vorwortes. In: Schuppener, Georg (Hg.): Sprache des Rechtsextremismus. Spezifika der Sprache rechtsextremistischer Publikationen und rechter Musik. 1. Aufl. [Leipzig] /// Leipzig: Ed. Hamouda; Ed. Hamouda Wiss.-Verl., S. 9–15.

Anhang

A1

„Weißer Arischer Widerstand" – „Widerstand"

"Widerstand, nehmt die Waffen zur Hand
Granaten und Gewehre
Wie einst Äxte und Speere
Jagd das Gesindel aus unserm Land

Stasi-Schweine, ja ihr aus dem Westen
Wir haben jetzt Sprengstoff, Semtex vom besten
Für jede Verhaftung von euch gibt's 'nen Knall
Wir bringen das Terror-System hier zu Fall

Asylbetrüger, Zigeunerpack
Genug schmarotzt, jetzt gibt's auf den Sack
Wir packen die Itzigs an ihren Zinken
Es gibt keine Gnade, auch nicht für die Linken"
http://www.diss-duisburg.de/DJ_00_5/Eine_Reise.htm

A2

„Kraftschlag" - „Götter des Krieges"

„Sie waren dabei als Ragnir Styrbjörn starb
Im Langboot versenkt-in seinem nassen Grab
Tödlich verwundet und ertrunken
Ist er hinab in die Tiefe gesunken
Die Augen geschlossen-trotzdem konnte er sehen
Das Antlitz der Götter-es war Zeit zu gehen
Sie waren dabei als Helmut Winkler starb
In der Eineshölle von Stalingrad
Tödlich verwundet und erfroren
Doch für Walhalla auserkoren
Und das erste was er wieder sah
Waren Asgards goldene Tore-endlich da
Auch im September 93 dabei
Hörten sie Ian Stuarts letzten Schrei
Als er und sein Kamerad starben

11

Auf kaltem Asphalt an einem Strassengraben

Sie alle zogen über die Regenbogenbrücke

Und hinterlassen eine furchtbare Lücke

Nun heißt es warten bis die Zeit verrinnt

Und im Namen der Götter-Die letzte Schlacht beginnt

Sie sind Götter des Krieges

Sie sind die Lenker der Schlacht

Und sie sind die Väter deines Sieges

Nordlands Macht"

http://www.komogvind.dk/profile/myprofile/profile.php?profile=5274711

A3

„Landser" - „Walvater Wotan"

„Heil, Heil, Heil

Wir wollen euren Jesus nicht - das alte Judenschwein

Denn zu Kreuze kriechen kann nichts für Arier sein

Die Bibel und das Kruzifix - die soll der Geier holen

Wir wollen eure Pfaffen nicht und euren Schweinepapst aus Polen

Kehrreim:

Walvater Wotan soll unser Herrgott sein

Walvater Wotan wird Germanien befrei'n

Einst gab es die Inquisition, ist doch allen wohlbekannt

Deutsche Frauen als Hexen zu tausenden verbrannt

Doch heut' da macht ihr auf menschlich und wollt den Frieden schaffen

Sprüh's an jede Kirchentür - "Frieden schaffen, ohne Pfaffen!"

Kehrreim:

Odin's Raben wachen und sehen eure Taten

Und seine Wölfe kriegen demnächst mal fetten Braten

Ein Blitz aus Thor's Hammer wird in der Kirche hall'n

Jetzt bet' zu deinem Judengott - er hört dich nicht, du Christenschwein

Kehrreim:

Odin!"

http://www.lyricstime.com/landser-walvater-wotan-lyrics.html

A4

„Landser" - „Fidschi, Fidschi, gute Reise"

„Treu im Geist von Hoshimin(sic!)

hocken sie im Wohnheim drin.

Im Fidschiwohnheim(sic!) brennt noch Licht,

die Zigarettenmafia die schläft nicht!

Chorus

Fidschi, Fidschi, gute Reise.

Fidschi, Fidschi, non Stop nach Saigon.

Fidschi, Fidschi, ab durch die Mitte.

Fidschi, Fidschi, auf und davon.

Am Tag da wird das Heim bewacht,

Damit kein Skin was Böses macht.

Doch in der Nacht dann, bum! bum! Bum!

Legen sie sich gegenseitig um!

Chorus

Ein Schlitzauge grinst dich an,

Bietet dir Zigaretten an.

Du nimmst dir ne Stange mit,

doch statt der D-Mark kriegt er 'nen Tritt!

Chorus x 2

Auf und davon, davon, davon, davon, davon, davon…"

Landser - „Fidschi, Fidschi, gute Reise"

http://www.free-lyrics.org/landser/158292-Xenophobia.html

C4
FOR
REDS

[ANB] AUTONOME
NATIONALISTEN BERLIN